親の「老い」を受け入れる

～下町医師とつどい場おばはんが教える、認知症の親をよくする介護～

長尾和宏×丸尾多重子

はじめに

「老いを忘れた日本人」

長尾和宏

在宅医として、下町尼崎の町医者として、昼夜問わず「老い」と向き合っている日々です。

……膝が痛いです。先生、これは病気ですか？

……もの忘れが多くなりました。先生、これは認知症ですか？

……生理が来なくなりました。先生、これはストレス疾患ですか？

……新聞を読むのがつらいんです。先生、私、失明するのでは？

……以前より食べられません。先生、私、胃がんかもしれません。

そうした患者さんの訴えの9割が、実は病気ではありません。肉体の自然な経年劣化なのです。当たり前の話。

だけど、「大丈夫、順調に老化しているだけですよ」とお答えすると、患者さんの多くはとても不本意そうに、怒った顔や困った顔をされます。なぜでしょうか？　あるとき気がつきました。「老化」と言われることに、そこはかとない屈辱を覚える人が多くいることに。

「老い」と言われるくらいなら、何か病名を付けてほしい……これは、拒食症ならぬ拒老症とでも呼ぶべき悩ましい症状です。

さらに悩ましいのが、自らの老いを拒むのではなく、親の老いを拒むケースです。ご本人が老いを受け入れようとしていても、子どもが受け入れられずに、「治療で母をなんとかしてください」「薬で父を元の父に戻してください」と最後の最後まで、懇願される場合です。

戦後たったの七十年で、焼け野原から見事な復興を遂げた日本人。

国民の栄養状態は劇的に良くなり、衛生管理も世界最高レベルとなり、国民皆保険という素晴らしい制度のおかげで誰でも最高の医療が受けられるようになった結果、日本人はどうやらものすごい速さで「老い」を忘れてしまったような気がしてならないのです。

先ごろ亡くなられた北の湖と輪島の二大横綱が、代わる代わる優勝の杯を奪い合っていたあの時代……1976年に我が国で初めて、自宅で亡くなる人よりも病院で亡くなる人の割合が多くなりました。そして現在も8割近くの人が、病院や施設で亡くなっているという状況です。つまり人が自然に老いて亡くなっていく姿が日常から切り離されてしまったことも、老いを忘れた日本人を増やした一因でしょう。

不思議だとは思いませんか？　昨今これだけ超高齢化が叫ばれているのにもかかわらず、死を見ないで大人になる日本人が、どんどん増え続けているのです。中には、一度も死を見たことがないまま医者になったり介護士になっている人もいます。市民どころか、医療者や介護職までもが、老いやその先にある死を受け入れられないという、ある意味とても奇妙な時代に我々は生きているのです。

しかし、どんなに医療が発展しても人は老いるし、必ず死にます。人間の致死率100％であることは昔から変わりません。病気は治療できますが、老いは治療できません。恐ろしく若々しい風貌のじいちゃん、ばあちゃんも最近見かけるようになりましたが、アンチエイジングにだって、いつかは「やめどき」が訪れます。

もちろん、困った症状は医療の力で緩和ができます。だけど、「老い」そのものは、医療の力ではなんともなりません。老いとは不可逆なものですから。今、我々日本人に圧倒的に足りないものは、「老い」を受け入れる力なのだと考えます。がんが怖い、認知症が怖い。でもその前に、親の「老い」が超怖い！　この本は、まず、「老い」を受け入れるということから始めたいのです。えっ、気乗りしないって？　いいですか。朝ご飯を食べたかどうかを忘れたばあちゃんよりも、人は皆老いるということを忘れたあなたのほうが、もしかしたらボケてはるのと違いますか？　そんなあなたのために、慣れない詩を書いてみました。ちょっと谷川俊太郎さん風、と言ったら怒られるだろうか（笑）。トイレの壁にでも貼ってくれたら嬉しいのですが、どうでしょうか。

老いるということ
親が老いていくということ
それは、何度も同じ話をするということ
何度も同じことを訊いては、あなたを苛々させるということ

親が老いていくということ
それは、自信がなくなるということ
自信がなくなるけど、子どもにだけは強がっていたいということ

親が老いていくということ
それは、歩くのが遅くなるということ　膝や腰が常に痛いということ
低気圧がくるだけで動くのがしんどい日があるということ
親が老いていくということ

それは、食べる量が減るということ　噛む力が弱まるということ
でも食べたいものを食べさせるのが一番の健康法であるということ

親が老いていくということ
それは、もう生きているのは嫌　早く死にたいと言い出すということ
だけどあなたに迷惑をかけたくない気持ちと裏腹かもしれないこと

親が老いていくということ
それは、トイレが近くなること　夜中にトイレで起きるということ
尿道も肛門もゆるむから　ふとしたときに漏らすということ

親が老いていくということ
それは、歩行や食事が遅くなったり　トイレに失敗したときでも
子どもにだけは怒鳴られたくない　怒られたくないということ

老いるということ
親が老いていくということ
それは、言葉が咄嗟に出なくなってくるということ
言葉が出なくなっても、心の中に想いはちゃんとあるということ

親が老いていくということ
それは、周囲の友人や愛している人や犬や猫が
徐々にこの世からいなくなって　どんどん不安になるということ

親が老いていくということ
それは、不安である分、あなたのことが気がかりだということ
あなたの電話を待っているということ　声が聴きたいと願うこと

親が老いていくということ

それは、萎《しぼ》んでいくこと　小さくなっていくということ
小さくなって軽くなって　それでもあなたの親であるということ

親が老いていくということ
それは、お別れの日が少しずつ近づいてきているということ
親がどんなお別れを望んでいるのか察してあげること

親が老いていくということ
それは、うとうととする日が多くなってくるということ
この世とあの世の境目が少しずつ曖昧になってくるということ

親が老いていくということ
それは、命の仕舞い方を、あなたに教えてくれているということ
あなたもいつかこうなるのだと　それは最後のプレゼント

第一章

親の介護に正解なんてないんだよ

対談　長尾和宏×丸尾多重子

「老人とゴミ」

長尾　まるちゃん、この前な、ビートたけしさんの『新しい道徳』って本を読んだんだよ。

丸尾　『新しい道徳』？　へえっ、長尾ちゃん、道徳なんかに興味あるんだ。なんか似合わへんねえ。

長尾　道徳なんて今まで考えたことがないから読んでみたんだよ。

丸尾　そうやね。長尾ちゃんには道徳よりも道頓堀が似合うもんね。

長尾　さすがはビートたけしさん、こんなこと書いてあった。今から読むよ。

「（小学生向けの）道徳の教科書には、やたらと老人とゴミが登場する。年寄りに席を譲る。年寄りの荷物を持ってやる。年寄りの道案内をする。道に落ちているゴミを拾う。ゴミを分別して出す。誰かが道にゴミを捨てたら注意する。

……何かっていうと、老人とゴミだ」

丸尾　確かにそうやね。老人とゴミに気をつけるのが、今の日本人の道徳か！　しょうもないね。

長尾　もう少し読むで。

「一日一善じゃないが、老人とゴミは、子どもに何かいいことをしろっていうときの定番だ。いいことってのは、老人への手助けとゴミ拾いしかないのかって思うくらい。

老人とゴミは同じなのか？　これでは、老人は社会の邪魔者だと思う子どもが増えても仕方ない。教科書の中の老人は、なんだか情けをかけられているようにしか見えない。老人は小学生にも情けをかけられなくては生きられない存在、社会的弱者だといっているのと同じだ」

丸尾　ええこと言うわ！　さすが長尾ちゃん、じゃなくて今のは、たけしさんか！　ほんまその通りよ。子どもの頃からお年寄りを「社会的弱者」だと教科書で教えてはるでしょう？　弱者だから……というところから、実は見えない偽善意識を生み出しているんと違う？　そのお年寄りが認知症になったら、もっともっと偽善意識が強まるね。

長尾　お年寄りを大切にしなきゃいけないのは、社会的弱者だからなのかな？

丸尾　それは絶対違うよ。

長尾　でも、今の介護現場の教育は、そうなっているのと違う？

丸尾　だからおかしなことが起きている。社会的弱者の面倒を見ている自分は偉い、褒めてもらえて当然の存在。「お年寄りのお世話をしている私って素敵！」と自己陶酔して福祉の仕事をやっている人が増えている。そんな〝上から目線〟でしか介護をしない人が増えているから、介護現場がおかしくなってるんや。介護なんてね、偉いものでも、褒めるもんでも、なんでもないの。

長尾　だよねぇ。今、自分たちがこの国で、平和を享受して、豊かに生きていられるのは、先輩たちのおかげ。だからその先輩たちが歳をとって、生活が不便になったら、困っていることを助けてあげるのは、人生の後輩として当たり前のことなんや。すぐに「弱者、弱者」って言うから、話がおかしくなるんだよね。

丸尾　そうよ。人間誰だって、長生きすれば身体が弱くなるし、頭だってボケていく。それを若い人が、間違った道徳教育を受けて「弱者」呼ばわりするのがオカシイ。そんな道徳の教科書こそ、今すぐまとめてゴミ捨て場に持っていけ。

長尾　今の日本で行われているのは、道徳教育やない、偽善教育に近いね。

丸尾　子どもの頃からそれやから、ロクな医者も介護職も育たへん。

長尾　子どもらにそんな偽善という名の道徳の授業している暇があったらな、一度、尼崎に来て、僕の在宅医療の現場を見学させろと思うよ。

丸尾　確かに尼崎という下町は、偽善とは程遠い場所にあるね。皆生きていくのに必死で、良くも悪くも、本音で言い合ってはるわ。

長尾　そのあとでお隣の町、西宮の〈つどい場さくらちゃん〉に行って、まるちゃんの話を聞く。そうすれば、「人間、ボケて当たり前」ということが子どもの頃からわかるよね。

丸尾　大人になったって、「人間ボケて当たり前」ということに気づいている人、少ないんちゃう？　だって、そもそも子どもの頃から、お年寄りと住んだことないもんな、今の人。年寄りと一緒に住むのが、一番の道徳教育なのに。三世代同居の家から、住民税を下げたらいいよ。そもそも一緒に住んだ経験がないから、人が老いて、ボケていくという道程がわからない。そこにきて、今、テレビや新聞が「認知症は病気や！　認知症になったらエライことになるよ！」なんて報道するから……。

長尾　特にNHKがな。

丸尾　そうそう、「認知症の薬を処方されて、暴れ出してもそれは良くなっている証拠だから投薬を続けてください」とか言う医者を平気で繰り返し出して、国民から受信料を取ってるんだから、たまったもんじゃないわ。

長尾　まるちゃん、そこまでズバッと言ったら、ＮＨＫから取材の申し込みがこなくなるで。

丸尾　かまへんかまへん。

「早期発見&早期治療は誰のため？」

長尾　そんな大認知症キャンペーンを張るくらいならさ、お年寄りの日常をずーっとTVカメラで映し出していたほうがよっぽど子どものためになる。ああ、人間が歳とってボケていくのは当たり前や、とわかるはずや。

丸尾　そうよ、それが今、「あなたは認知症です」って病院で告知されるでしょう？　インフォームドコンセントだかなんだか知らんけど、がん告知と同じように「残念ながらアルツハイマーですね」って。そらガーンとなりますよ。がん告知は、その先に手術とか抗がん剤治療の選択が待っているからわからなくもないけど、認知症の告知してどうするの？　意味がわからへん。

長尾　だからそれは、早期発見&早期治療っていう前提があるんよ。

↘いて、前向き無作為化比較試験のメタ解析を行った。その結果、約6カ月早くAD治療薬の投与を開始しても、投与開始が遅れた場合と比較して、認知機能、身体機能、行動問題および臨床症状に有意差は認められなかった。Journal of the American Medical Directors Association誌オンライン版2015年9月18日号の掲載報告。（提供元：ケアネット）

丸尾　そんなこと言うて、長尾ちゃんかてこの前、アルツハイマー型認知症の早期発見&早期治療に意味はあらへんって言ってたじゃないの。

長尾　そういうエビデンスが、実は出始めているんです。早期発見&早期治療に意味はない、っていう*調査結果がね。

丸尾　そんなら、早期発見なんかやめてしまえ。

長尾　いやいや、でもねえ、早期発見&早期治療に意味があるとすれば、ご本人と家族に心構えができるんです。早期発見ならば、仕事や生活に明らかな支障が出るまでには相当な時間的猶予ができる。無意味だとは僕は思わないよ。早期発見で家族の心構えと準備ができて、早期介入することで症状が良くなる人は確かにいるよ。

丸尾　そんなら、早期発見&早期介入でええやないですか。早期治療じゃなくてね。

*アルツハイマー病への薬物治療、開始時期による予後の差なし
アルツハイマー病(AD)の治療薬には、アセチルコリンエステラーゼ阻害薬とメマンチンがあるが、その臨床効果は限られており、早期に薬物療法を開始することが長期的に良好な予後につながるかどうかも不明である。そこで、中国・香港中文大学のKelvin K.F. Tsoi氏らは、AD患者に対する早期治療の有効性につ↗

早期治療って言うから、よけいに家族はどう捉えていいのかが、混乱するし、ややこしくなる。

長尾　早期発見して早期治療をすれば、認知症は治るよというキャンペーンとして打ち出せば、そこに健康食品とか、いろんな産業が生まれるわけですよ。そういうキャンペーンは、何も認知症予備軍（ＭＣＩ）だけに向けているわけではなくて、たとえば糖尿病の予備軍のことをＩＧＴ（耐糖能異常Impaired Glucose Tolerance）っていうんだけど……「ＩＧＴ」というカテゴリーができたら、そこで一挙にマーケット、対象人口が増える。

だけど、本当の「早期発見」の必要性とは、そういうことではないわけです。ご自身がライフスタイルを変えたり、禁煙したり、今までよりも歩くようなきっかけとして、「予備軍」と診断されるのは、悪いことではないと僕は思う。

丸尾　早期発見と診断されたときに、冷静に準備ができる賢い家族になるべきやね。そこで本人と一緒にパニックになってしまって、「お父ちゃん、もう終わりや」と思ってしまったら、元も子もない。

「適度に放っておく」

長尾　僕の母親、80代後半でずっとひとり暮らしなんですけど、順調にボケてってね。

丸尾　介護施設には入らへんの？

長尾　だって、「老人ホームなんか行かへん。家がええ」って言うから。本人が施設に入りたいって言えば施設に入れるけれど、家でひとりがいいって言うんだよね。本人の意思を、家族が捻じ曲げる権利はどこにもないからねえ。母は、毎朝毎夕、ひとりでゆっくり散歩をしながら暮らしています。顔なじみの定食屋さんを近所に何軒か持っていて、月曜日は中華屋、火曜日はトンカツ屋、といったふうに、曜日ごとにローテーションで食事しているよ。

丸尾　平和やん。ひとりで外食できるんなら、何ら問題ないよ。

長尾　そう、今のところ、何も危ないことないし。10分前のことは覚えていないけど、定食屋への道のりはちゃんと覚えていて、迷わずに行き来できているから。もともと外食が好きな人だから、料理をして火を使うこともあらへんし。

丸尾　理想やん。ひとり暮らしで一番心配なのは火の始末。でも、料理をしない人やったら、そのリスクもぐっと下がるしな。適度な距離感で認知症の親を放牧してはる。それが一番いい。今のままがいい。

長尾　そうだね、僕が医大入学で上京した18歳のときから40年間、別々に住んでいるよ。父は僕が高校生のときに自死したので、母はつまり、40年近くずっとひとりで暮らしていて、生活のリズムが変わっていないわけやから。

丸尾　それを今さら、一緒に住もうと言うのは息子の偽善かもしれない。本人が望んでいないのならね。異性の子どもとはよけいそういうものよ。無理して同居すれば、やっぱり生活のリズムは狂ってしまう。そのストレスで、よけいにボケが進むこともある。以前にできていたことができなくなるというのは、実は本人が一番わかってはる。でも、ひとり暮らしだったら、自分ができなくなったことを自分が受け入れれば、まあ、それで収まるんだけれど、家族と一緒に住むと、どうしても「前はできていたのにどうしてできないの？」とついつい言ってしまうでしょう？　それが良くない。

長尾　そうだね。家族は戸惑って当然だよね。昨日できたことが今日できなくなる。そこに戸惑うのが家族だよ。だからなんとかして、元に戻そうとするんだ。

丸尾　若年性の認知症ならば、元に戻そうという努力も時には有効かもしれない。でも、歳をとってからの認知症は、元気な頃に戻そうというのがおかしな話でしょう。だけど家族は、親がいくつになっても、「私がなんとかしなくちゃ……」が、「薬を飲ませないと……」という方向に行きがちだからね。

長尾　その通りだよ。まるちゃんは、「すぐに認知症の薬を出す医者がアカン！　そんなのヤブ医者や！」って言うけどさ。

丸尾　ほんまにそうよ。初診で認知症のお薬出す医者は、ヤブ！

長尾　医者が認知症のお薬を出すのは、家族が求めるから、という側面もあるんだよ。「長尾先生はお薬も出してくれない！　こんなに困ってるのに！」と家族が言うから、こちらも出さざるを得ないことがある。医者の気持ちも少しはわかってくれ、と思うよ。

丸尾　だからやっぱり、家族が賢くならないとあかんね。医者の悪口言っていてもしかたないのよ。家族の意識を上げていかないと、介護は変わらない。ところで長尾ちゃんのお母さんは、認知症のお薬は飲んではるの？

長尾　飲んでないよ。病院は大好きやから、処方されたこともあると思うけど、薬飲むのを忘れているんとちゃうかな、ボケてるから（笑）。

丸尾　そうそう、ボケて薬を忘れちゃうくらいが一番いい。本人がボケて飲むのを忘れるくらいのお薬は、つまり身体が必要としてないってことや。

長尾　でも最近は、ボケても薬を忘れへんように、いろんな味をつけたお薬が出るようになった。たとえば梅味のお薬があって、嫌がるお年寄りにはお粥に混ぜて梅粥風にして、お薬をご飯と一緒に食べさせる。

丸尾　とんでもない！　頼むからご飯に薬を混ぜるな！　そんなことしたらご飯もまずくなって食べてくれなくなるよ。ご飯に薬を混ぜる介護家族も罪深いよ。ひとり暮らしならば飲まずに済むものを飲まされてはるんや。

長尾　確かになあ。うちの母親、お薬飲むのは忘れても、定食屋に毎晩行くのは、絶対に忘れないもんなあ。認知症の人は自分にとって本当は不要なものから忘れていくのかもしれないね。

丸尾　だったら息子の顔もボチボチ忘れるんちゃうの。気いつけや。

長尾　そんなこと言わんといて。こう見えても、時間見つけてはちょこちょこ会いに行ってるんよ。だけど、「今から行くよ」っていう僕の約束忘れて、行ったら留守ってこともときどきある。携帯に電話しても出ない。しかたがないから、家でポツンと母親を待ってると、何食わぬ顔で散歩から帰ってくる。「あれ？　かずひろさん、何しに来たん？　なんか困ったことでもできたんか？　お母ちゃん、何もしてあげられへんと思うけど……」って真顔で言うねん。

丸尾　それくらいユル～くつながっておくことが幸せな親子だってことも、いくらでもある。べーったりくっついていることが、いい親子関係ではないんだよね。

長尾　そうそう、親子関係なんて百人百様。在宅医をやっていると、それをつくづく感じるね。だから、親の介護に正解なんてないんだよ。家で看たほうが良い親子もいれば、今すぐ施設に入れてください！　と思わず在宅医の僕から言ってしまうご家庭もある。

丸尾　正解なんて、どこ探したってない。後悔しないかどうか。それだけや。でも真面目な人ほど、正解を探そうとするでしょう。

長尾　この本にもね、きっと100％正解なんてない。100％全員に効く処方箋がないようにね。

丸尾　そうやね、これは親の介護に疲れたり、悩んではる人への言葉の処方箋。効きそうな部分だけ、つまんで活用してくれたらそれでええんよ。しかも言葉の処方箋は、アリセプトと違って副作用ゼロや。

長尾　そして今回は、動物の親子の写真をたくさん入れてみた。この前も、ある国立公園でチンパンジー一家が先天的に障がいを持ったチンパンジーを介護しているというニュースが出ていたよね。

丸尾　そういうこと。親子の絆とか介護というのは、動物の世界にだってある。つまり自然で、本能的なことなんや。動物から学ぶこと、たくさんあるね。

長尾　ここにある動物の写真を眺めているだけで、涙が出てくるよ。言葉はないけど愛情が見えるんだよ。どうして人間の親子は、こんなふうにできなくなっちゃったんだろうなあって。

丸尾　だって野生動物の世界には、医者もいないし製薬会社もないから。

長尾　介護施設もないもんなあ。

第二章

親の「老い」を受け入れる

「最近、
ボケてきたんじゃないの!?」
どんなに仲の良い親子間でも、
禁句です。
この言葉に親は傷ついています。

先週できていたことが今週できなくなる。昨日何をしていたか、今日思い出せない。自分の中の変化には、自分が一番先に気がつくものです。気がつきはするけれど、それを、「何かおかしいぞ」と客観的に考えられる人はごくわずか。誰にも言えずに、漠然とした不安を抱えて日々を過ごしているのです。たとえて言うのなら、昼間だった世界がどんどん暗闇になっていく感覚です。

「認めて知る症状」という名前がついているけれど、「認めたくないし、知りたくない」のが「認知症」なのです。

では、「認知症」と診断された後ならば、「ボケた」と親に言っていいかというと、それもまた違います。先週できていたことが今週できなくなっても、「お母さんは何も変わってないよ」「お父さんはちっとも進行していない」という態度を取り続けることが大切です。幾つになっても親は親、子は子。

子どもが親を否定しても、ロクなことはありません。

「言わなくていいこともある」

親の気持ちは、
子どもにだってわかりません。
でも、「わかろう」とすること。
それ自体が、愛情なのです。

あなたが子どもの頃のことを思い出してみてください。「お母さんはちっとも私のことをわかってくれない！」「お父さんはなんてわからず屋なのだろう」……私たちは、何度もそういう想いをして大人になってきたはずです。他人には理解できても、親子だからこそ、わかってもらえないことはたくさんありました。親に理解されないからこそ、反抗だってしたくなりました。

さて、あれから数十年。今度はあなたの親が、「うちの子どもは私のことを何もわかってくれない！」と思っています。嘆いています。ときには反抗もするでしょう。そういうときは、一度深呼吸をして、あなたの子ども時代を思い出してください。あなたが子どもの頃にどんな想いを抱いていたか、深く深く思い出してみるのです。

「私のことを信じてほしい」「もっとこっちを向いてほしい」

そんな想いに駆られてはいませんでしたか?

大切なのは、親の本心をわかろうとする気持ち。わからないことに、苛々したり、疲れないでほしいのです。会話をするときは、必ず見つめてあげてください。食事をするときは、話しかけながら、笑いながら食べさせてください。

「わかってあげたいよ」

親が病院に行くのを
嫌がるときは、
「風邪引いちゃったから
一緒に来て」と
付き添いをお願いしてみること。

「認知症かそうでないか、一度お医者様に診てもらいましょうよ」。

子どもからそう言われて、「そうね、病院に行きましょうか」と素直に従う親はあまりいないでしょう。

「冗談じゃない、放っておいてくれ！」。

怒り出す親のほうが多いはずです。まずは、なぜ今、病院に行かせる必要があるのかを考えましょう。たとえば「アルツハイマー」と診断されて、安心するのは家族のほうかもしれません。ああやっぱり、とどこかで納得がいきます。不可解な行動の謎がとけてスッキリするかもしれません。しかし本人にとっては、病名を診断されたときから、いよいよ本物の「病人」になってしまうわけですから、嬉しくもなんともない。病名が付くということは、本人は

「烙印」を押されてしまう瞬間でもあります。

それでも、診断が下りないと介護保険サービスも受けられないから……どうしても受診が必要なときは、本来の目的を言わず、あなたが風邪を引いたことにして、付き添いをお願いしてみてはどうでしょう? 「じゃあ、ついでだから一緒に認知症の検査を受けちゃおうか」というノリで受けてもらうのです。もちろん、事前に医師とは辻《つじ》褄《つま》を合わせておく必要があります。

『目線を変えてみる』

女性86・83歳、男性80・50歳。
平均寿命を超えてからの
認知症は
薬なんて飲まなくてもいい。

「長尾先生、うちの父が先日オシッコを漏らしちゃったのです。これって認知症の予兆でしょうか。一度先生に診ていただいたほうがいいですか?」

「お父さんは何歳ですか?」

「92歳です」

「92歳ならションベンくらい漏らして当たり前や。歳とるといろんな穴がユルくなっていくんだよ。何も漏らさない90代のほうが気持ち悪いわ」。

患者さんの子どもと、そんな会話が日常です。

認知症にどこまで医療が介入するか? まず、親の年齢を考慮すべきだと思います。がんでも、80代で見つかったがんならば、治療をせずに放置したほうがいい場合がいくらでもあります。認知症とて同じです。早期発見

＆早期治療の意味があるのは、70代前半まででしょう。日本人の平均寿命は明治・大正時代は40代、昭和20年代で52歳でした。食生活と衛生と、医療の質が急速に高まったため、たった60年間で30歳も平均寿命が延びたのです。こんな時代はかつてありませんでした。

つまり、認知症が急増している最大の要因は平均寿命が延びたからなのです。平均寿命を超えてからの認知症は自然の流れと捉え、お薬を飲まないほうが良い場合はいくらでもあります。

「自然に身を任せても
沈みはしない」

役に立たない人間なんて
この世にいない。
認知症になった親から
得られるものはたくさんある。

認知症と診断されて一番落ち込むのは、「自分が世の中から不要な存在になるのではないか」という不安からです。役立たずの人間になって、伴侶や子どもに迷惑をかけることが忍びない、耐えられない。本当は住み慣れた我が家で過ごしたいけれど、家族から「役立たず」「迷惑な存在」と思われるくらいならば、いっそのこと施設に入りたい……長年にわたって、家族のために一生懸命生きてきた人が、人生の最終章にそんなふうに思わなければいけない世の中って、やっぱりオカシイ！　と思います。

そもそも、「役に立つ」ってなんでしょう？　経済的に貢献していなければ、「役立たず」になってしまうの？「一億総活躍社会」なんてドヤ顔で叫ぶアベさんの言葉が寒々しいです。だって、社会的に活躍できなくなったとしても、認知症になった親から得られるものはたくさんありますから。今まで持っていた肩書や仕事、世間体がなくなったときに、初めて見える親の素晴らしさがあります。もしもあなたに子どもがいるのなら、介護の姿を見せることが、子どもの人間性を豊かにする教育でもあるのです。

役に立たない人間なんて、この世にいません。死んでいく姿を見せることだって、お年寄りの立派なお役目です。

「背中を見て育ったから」

「取《と》り繕《つくろ》い」は周辺症状？
いいえ。
人間、誰でも取り繕う。
猫や犬でさえも取り繕う。

「長尾先生、この前の介護認定で、お母ちゃんがめっちゃ取り繕いをして。いつもはひとりじゃできない着替えもひとりでやっちゃうから、要介護が3から2になっちゃいました！　どうすればいいですか？」
「家ではこんなにハキハキ喋りません。長尾先生のことを覚えているって言ったけど、ちっとも覚えてなんかいませんよ。今は取り繕いをしているだけだから、もっとお薬をもらわないと……」。

お母さん、お父さんは「私が粗相《そそう》をして子どもに恥をかかせてはいけない」と思って、他人の前で頑張るのです。必死のパッチで子どもに迷惑をかけないように取り繕っている。それなのに、「お母さんはそんなこと覚えていません」とか「本当はこんなことできません！」なんて診察室で横から否定するような子どもさんは、親の気持ちに寄り添っていないなあと悲しくなります。人間社会なんて、すべて取り繕いです。

覚えてないのに覚えているふりをすることなんて、僕だって毎日やっていますよ。犬や猫だって悪戯をして花瓶を割ったときに、自分がやったのではないと取り繕うそぶりをします。それが、人間は認知症になった瞬間に、「周辺症状」となってしまう。親が取り繕ったときには、「母ちゃん、今話を合わせてくれたやろ？　グッジョブや」くらい心の余裕を持ちましょう。

「かっこぐらいつけさせてよ」

人間誰しもが、
うまくいくときもあれば
うまくいかないときもある。
その変動の幅が
大きくなるのが認知症。

「まだらボケ」という言葉があります。これは病名でも医療用語でもありませんが、言い得て妙な言葉だなあと思います。何もかもパーフェクトにできる人間なんてそもそもいません。生活の中にも、得意／不得意なものが誰しもあります。仕事だって、すごく調子が良くてバリバリこなせる時期と、どうもテンションが上がらない、とウダウダと過ごす時期があるものです。

気候の変化や月の満ち欠けにも影響を受けるのが生きている証し。人間、皆「まだら」なのです。凸凹があるからこそ、他人の凸凹と組み合わさってうまく調和を取っていくのが人間社会というものでしょう。

認知症になると、この凸凹の変動が大きくなっていきます。体調の良い日悪い日、気分の良い日悪い日、関節が痛い日痛くない日などの差が激しくなっていきます。一日のうちでも朝晩で大きく変動することもあります。レビー小体型認知症の場合は、特にこの変動が顕著に現れるようです。

ですから、デイサービスや通院を本人がおっくうがっている日は、無理やり動いてもらわないほうがいいでしょう。普段の様子をよく観察して、気分の良さそうな日と悪い日を見極めていくこと。何がなんでもリハビリ、何がなんでもデイサービス……気がつけばあなたが親に対して教育ママさんと化していませんか?

「まだらも持ち味です」

明日の絶望を憂うよりも、
今日一緒にいられることを
噛み締める。
幸福というのは、
「今」この瞬間にしかない。

認知症の介護は不安です。

では何が不安なのかと言えば、「明日どうなるかがわからない」から不安なのです。明日は私のことを忘れてしまうかもしれない。明日は徘徊してしまうかもしれない。来週は？　来月は？　来年は？　私はいつまで介護すればいいの？　親はこの先どうなってしまうの？

人間の世界は不平等だし、運の良い人と悪い人が確かにいます。だけど、唯一平等なことがあるのです。

それは、「明日、死ぬかもしれない」可能性です。

明日どうなるかわからないことだけは、人間皆、平等。

それならば、今、目の前にある残された時間を噛み締めること。残念ながら、「幸福感」というのは、貯金ができません。借金もできません。美味しいものと同じで、今、この瞬間にしか味わえないものなのです。思い出としては残りますが、少し形が違ってきます。認知症の人というのは、そうでない人よりも、今この瞬間の「幸福感」がすべてです。一緒に美味しいものを食べる。一緒に懐かしいアルバムを開く。

「明日、死ぬかもしれない」「明日、お別れがくるかもしれない」。ならば、明日の不安を背負うよりも、今日という時間を大事に過ごしてはどうでしょう。

「今があったかければ
それでいい」

できないことを数えるよりも、
できることだけを数えれば、
旅行だって諦めなくていい。

〈つどい場さくらちゃん〉には「おでかけタイ」という取り組みがあります。認知症ご本人、そして家族とともに一年に一度、旅行に出かけるというものです。北海道から始まって、お伊勢さんに行ったり、沖縄まで足を延ばしたかと思えば、今回（2015年）は、いよいよ二泊三日の台湾旅行を決行しました。「おでかけタイ」初の海外旅行です。要介護の人が旅行なんてとんでもない！　無謀だ！　と思う人も多いでしょう。「飛行機に乗れない」「移動が困難」「ホテルで食事が難しい」「トイレ介助が不安」「介護者の体力がもたない」など、旅行なんてできないと決めつけてしまえば、できません。

「できない」ことを数え出せば「できなくなる」に決まっています。それよりも、「できること」を数えてみませんか。

「ハサミを持っていけばホテルのご飯も食べられる」「旅行を楽しみにすればリハビリも頑張れる」……まさかもう一度海外旅行ができるなんて嘘みたい！　これが、介護者さん、そしてご本人たちの声でした。旅行中の写真を見ると本当に皆さん良い顔をされています。目の輝きが違います。来年も飛行機に乗れるように頑張ろう！　目標もできるのです。……ちなみに、車椅子介助が一番上手な航空会社はＡＮＡ。別にお金をもらっているわけではありませんが、お知らせまで。

「行こうと思えばどこだって!」

食事・排泄・移動
この三つの自由を奪わないことが
認知症を悪化させないコツ。

さきほどの「おでかけタイ」の旅行のお話とも関係しますが、悪い介護者とはどういう介護者かと言えば、できないことだけを数えて、知らず知らずに本人から自由を奪ってしまう介護者なのです。

「老人は弱者だ」「認知症になると何もできなくなる」。家族によるそんな無自覚な決めつけが、実は認知症を悪化させていることが多々あります。認知症老人は、あなたから見れば不自由な存在かもしれません。しかし本人は、ちっとも不自由だとは思っていないかもしれないのです。社会のシガラミからようやく抜け出せて、人生に初めて訪れたゆとりの時間を味わっているかもわかりません。もっと言えば、生きるのも死ぬのも、ボケるのも本人の自由。他人がとやかく言う問題ではないのです。決めつけるのではなく、本当にできないことだけを寄り添って手伝う。それが良い介護者です。

特に、食事・排泄・移動の自由を奪ってはダメです。

ひとりで食事ができないのではなく、こちらが待てないだけなのかもしれない。ひとりで排泄ができないのではなく、こちらがオムツを強いたのかもしれない。ただお散歩に行きたかっただけなのに、「徘徊が始まった！」と慌てて部屋に鍵をかけているだけかもしれない。そして、この三つの自由を奪うと、認知症は急激に悪化します。

『同じ目線に立ってみる』

食べることは、誤《ご》嚥《えん》すること。
誤嚥を怖がって
普通の食事を食べさせない
あなたが怖い。

食事の自由を奪うとはどういうことか？　もう少し深く考えてみましょう。

まずは、時間の問題。時間をかければ食べられるのに、「さっさと食べてほしい」というあなたの想いで、スプーンを奪っていませんか。あなたの食事時間は、ふだんどのくらいでしょうか？　30分かけて完食するところを、5分で食べろと無理に口をこじ開けさせられてスプーンを突っ込まれたら？　たぶん、むせて戻してしまうでしょう。

そして、食事内容の問題。介護食だから、特別なものを食べさせないといけないと思ってはいませんか？　認知症になると味覚が衰えるのは事実。だとすれば、味覚の衰えを少しでも食い止められるように、本人が好きだったもの、美味しいものをあえて出し続けるべきでしょう。

栄養バランスなんて二の次でよろしい。濃い味が好みだったお父さんに薄味の介護食を作れば、当然食べたくないと拒否をして、むせて戻すことが増えます。誤嚥を怖がって間違った食事方法をさせることが、逆に誤嚥を生み出すことがあります。

食事時間をゆっくり取って、本人の好みの味を食べさせること。そこで「げほげほっ」と誤嚥したからといって、慌てないこと。普通の食事を食べる力があるということは、誤嚥しても咳をする力があるということですから、誤嚥性肺炎には早々なりません。食べる自由を奪うことは、実は、食べる力を奪っていることと同じなのです。

「普通に美味しいご飯が
食べたいな」

高齢者だからこそ、粗食は禁物。
最低一日一個の卵と
最低一日一切れのお魚とお肉。

最近、軽度認知障害（ＭＣＩ）になると歩く速度が遅くなるという研究が発表されて話題になりました。認知症になると、歩行が遅くなったり、また、真っ直ぐ歩けなくなるなどの特徴が出てきます。

しかし、歩行が遅くなるのは食生活のせいかもしれません。日本人の70代の５人にひとりが栄養不足というデータもあるのです。その要因は、コレステロールを気にしすぎて肉を避けているから。肥満体にはコレステロールは大敵ですが、あまりにも肉を敬遠すると、血清アルブミンという体内のたんぱく質が減少します。すると筋肉が落ちて血管ももろくなり、認知機能の低下リスクが２倍になるという研究結果もあるほどです。

また、同じ理由で卵を敬遠する人もいますが、これも間違い。脳内の神経伝達物質であるアセチルコリンの働きを助けるコリンが、卵黄には多く含まれているのです。高齢者になってから血圧やコレステロールの数値を気にするあまり、認知症リスクを高める食事をしてしまうのは本末転倒かもしれません。

ちなみに、〈つどい場さくらちゃん〉で、まるちゃんが毎日心をこめて作る定番メニューの一つが、豚バラと大根の煮込み。じいちゃんもばあちゃんも、お肉が大好き。洋食メニューも大好きです。高齢者は和食でサッパリしたほうがいい、というのは若い人の思い込みにすぎません。

「笹ばかりじゃ飽きるし」

たとえ主治医が、
「もう寝たきりだね」と言っても
起きてもらおう。
「もう食べられないよ」と言っても
食べさせよう。

老いた親の介護で一番気をつけたいのは転倒です。ほんの少しの段差や、ちょっとしたはずみで転倒→骨折→入院となり、そこから寝たきりになってしまうケースがなんと多いことか。動物性たんぱく質を積極的に食べてほしいと述べましたが、お肉を食べて筋肉量をキープすることが転倒予防につながります。

骨折入院すると、「もう寝たきりですね」と無責任に呪文をかける入院先のお医者さんは意外に多いのです。その後に、「もう自宅介護が無理でしたら、寝たきりの人を受け入れてくれる施設（特養や介護療養型医療施設など）を紹介しますよ」となります。

ここで、言われるままに施設入所を選ぶか、それともリハビリ病院に転院するかが運命の分かれ道。「もう寝たきり」と言われた人も、リハビリを経て自宅に戻り、歩けるところまで復帰できている人はいくらでもいます。

「もう食べられない」という呪文も同じこと。

それは、病院だから時間内に食べられないというだけかもしれません。家に帰って、自分の好きな物を1時間も2時間もかけてゆーっくり、ゆーっくり食べられるようになる人はたくさんいます。諦めてはいけません。

「医者の呪文にはかからないよ」

病院を脱出して、
自宅で看ようと決めたのなら
まずはかかりつけの
在宅医を探すこと。

認知症を診てくれるかかりつけの在宅医を探すこと。まずはここから始めましょう。定期的に往診（病状の度合いによって頻度は異なります）してくれ、また24時間ホットラインがつながる医療者が待機していて、何かあれば昼夜を問わず訪問診療を行ってくれる医療施設を探すことです。中には「認知症は診ていません」という医師もいるかもしれません。そうした場合は、地域包括支援センターに相談してみてください。地域包括支援センターは、全国どの地域にもあるので、役所に問い合わせてみましょう。

認知症はとことん「生活の中の病」であり、「関係性の病」です。

とすれば、通院するよりも在宅医が家庭の中に入り、どのような生活を送っているかを把握してもらったほうが、よりベターな医療が望めます。「長尾先生、認知症の母が夜中にずっと歌を歌い続けて、眠れないんです、お薬を出してください」と訴えてくる娘さんがいました。その場で、抑肝散《よくかんさん》という漢方薬を処方しました。神経の高ぶりを抑え、心の安定を促す効果があります。誰に処方したか？　認知症のお母さんではありません、娘さんに処方したのです。だって、お母さんは気持ち良く歌っているのだから、薬を出す必要はないわけです。「先生のお薬のおかげでよく眠れました」と後日娘さんから御礼を言われました。これこそ、在宅医療だからなせる業だと思います。

「おうちのほうが落ち着くね」

認知症のひとり暮らしでも
在宅医療でやっている人は
大勢います。
大丈夫、朝令暮改でいいのです。

要介護の軽度や中等度の認知症でも、ひとり暮らしをしている高齢者はたくさんいます。在宅医療を選んだなら、最期まで在宅でいかねばならないというわけではありません。限界を感じたら、在宅医に「やっぱり入院したいです」、もしくは「やはり施設に入所したいです」と希望を言えばいいだけのことです。在宅医は地元の複数の病院と連携していますから、すぐにどこかを紹介してくれるはずです。施設を探す場合は、ケアマネジャーさんが相談に乗ってくれることでしょう。入院したり施設に入ってみて、「やっぱり家がいいわ」と思えば、また在宅医療に切り替えればいいだけのこと。

このように家と施設を行ったり来たりしている患者さんもたくさんいます。「いい加減にしろ！」なんて誰も言いませんから、思いのままにやってみればいいのです。心は揺れ動くもの。

また、在宅医療はお金がかかると勘違いしている人もいるようですが、そんなことはありません。介護認定を受ければ、在宅医療と訪問看護（訪問看護は、状況によって医療保険ではなく介護保険が使えます）を入れても、一カ月に支払う金額は（3割負担の場合で）2万円ちょっとです。高額療養費制度というのもありますから、突発的に病気を患ってどんなに訪問診療を受けても、自己負担が一カ月4万4000円を超えることはないのです。むしろ入院するより安価でしょう。

「おうちに帰ろう」

施設介護よりも
在宅介護のほうが
認知症が進まないのは、
管理されない分、
自由に動けるから。

施設が悪いと言っているのではありません。介護施設の職員さんは、利用者さんたちを「管理する」のがお仕事です。福祉施設とはいえ営利目的である限り、当然効率化を求められます。効率化を高めるには、利用者さんの個別性を重視することに限界が出てきます。決まった時間に寝かせられ、決まった時間にお風呂に入り、決まった時間に食事となります。「生活のリズムがあったほうがいい」と施設の方は言いますが、たとえば今まで昼過ぎまで寝ていた宵っ張りのおじいちゃんが、いきなり20時に消灯されて朝7時に起こされたのなら、そのストレスは計り知れません。ゆっくりであれば自分でできる入浴も、効率化を求めれば当然、介助が必要となりますし、ゆっくりであれば自分で着替えられるパジャマも、「着せてもらう」ことになります。

効率化とはつまり、「待ってくれない」ということ。そうすると、自ずと運動量も減っていき、生活能力が落ち、すぐに寝たきりになってしまうというわけです。運動量が減って昼夜逆転を起こした人には睡眠薬が出されます。急に表情を失い、廃人のような姿になる人もいます。

前著『ばあちゃん、介護施設を間違えたらもっとボケるで！』の帯には、こうあります。「なぜ、歩いて施設に入所したのにたった3カ月で寝たきりになるの？」……「まるちゃん、私のお母さんもこの帯の通りでした」と何十通もそんなお手紙をもらいました。

「自由がいちばん」

失禁をして悲しいのは、
あなたじゃなくて本人です。
怒らずに、
静かに理由を探すこと。

オネショをしたときに怒ってもいいのは、泥酔して蒲団に漏らしたバカ夫だけです。子どもにも高齢者にも決して怒ってはいけません。また、一度や二度失禁したからって、「もうオムツだ！」と考えてはいませんか？　オムツを買ってきたのなら、本人につけてもらう前に一度自分でつけてみてください。居心地が悪くて、尿意が起きても、そう出せるものではありません。

認知症の人が失禁するのには、三つの理由が考えられます。まずは、「尿意がわからなくなっている」場合。これは抗認知症薬の副作用や、睡眠薬を処方されているせいかもしれないので、処方箋から見直すことも大切です。次に、「尿意はあるが、トイレの場所がわからなくて間に合わなかった」場合。これはたとえば寝室にポータブルトイレを置くとか、部屋の廊下に「トイレはこっち↓」と張り紙をし、夜も電燈をつけておくなど、工夫次第でオムツを回避できる可能性があります。最後に、「尿道括約《かつやく》筋《きん》が緩んでいる」場合。これは運動不足や栄養不足で筋力が弱っている可能性も考えられます。このあたりは〈オムツ外し学会〉というけったいな勉強会で全国を飛び回っている、理学療法士の三好春樹《みよしはるき》さんの本に詳しいので、一読をおすすめします。

いずれにせよ、トイレに自力で行けなくなった↓オムツ生活スタート、と考えるのは安易すぎます。オムツをつけた途端、哀しみと羞恥心のあまり一気にボケが進んだ人を、何人も見てきました。

「コンコンと言われても
傷つくだけだから」

胃ろう＝悪いもの
ではありません。
胃ろうをつけていても、
最期まで食べることを楽しめます。

日本では今、およそ40万人の人が胃ろうをつけていると言われています。

胃ろうをつける＝もう食べられなくなる＝無駄に延命をするだけの悪しき医療道具、と考えている人もいるようですが、それは間違った認識です。

僕は、胃ろうには二種類あると以前より提言しています。一番目の胃ろうは、「ハッピーな胃ろう」。健康なときと同量は食べられないけれど、少しは食べられるから、口から食べられない分を、胃ろうで補うケースです。もしくは、近い未来に、再び100パーセント口から食べられるようにするための一時的な措置として。

そして二番目の胃ろうが、「アンハッピーな胃ろう」です。本人の希望を無視して、植物状態になった親に、子どもがつける場合です。嚥下《えんげ》がまったくできない状態で、しかも本人の意思に反して、もしくは無視して胃ろうをつけることは幸福なことではありません。

　このように胃ろうはあくまで便利な道具に過ぎませんから、胃ろうは悪いもの、と決めつけるのは早合点。親の意思表示がハッキリしているうちに、胃ろうについての希望を話し合い、文書化しておくことをおすすめします。詳しくは僕の本『胃ろうという選択、しない選択』（セブン＆アイ出版）を読んでみてください。

『医者に「もう食べられないよ」
と言われても
聞く耳を持たないこと』

「胃ろうをしなければ
預かれません」
という特養とは、
こちらからサヨナラを。

先に述べた「ハッピーな胃ろう」として、親に胃ろうをつけたはずが、病院を転院したり、介護施設に移ったりしたときに、「胃ろうをされているから、もう口からは食べられませんね」と言い張る知識のない医者や無知な介護スタッフにぶちあたって、食べる楽しみを奪われてしまう悲劇がときどきあります。

「寝たきりなんですから、すべて胃ろうから栄養を摂りましょう。口から食べたら死にますよ！」と脅す医療者もときどきいます。

そんなの、ウソです。ゆっくり食事介助すれば口から食べられるのを知りつつ、効率化を求めるために、「口から食べたら死ぬ」と言っているまでです。まさに今の介護の現場、高齢者の医療の現場は、「食べられるのに食べさせない」ところばかり。特養によっては、「寝たきり状態ならば、胃ろうをしなければ預かれません」という独自のルールを作っているところもあります。

施設に入れるために、まだ口から食べられる親に、わざわざ胃ろうをつくるなんて、絶対に子どもがすることではありません。「口から食べたら死にますよ」と言われても、「どうせもうすぐ死ぬんだから」と開き直って、できれば最期まで、口から食べるのを諦めないでほしい。ハッピーな胃ろうのまま、ゴールに向かう手立ては必ずあります。

どんなに食事に時間がかかってもいい、手づかみで食べたっていい。こちらが待てばいいのです。

「医者に「食べたら死ぬよ」と言われても鵜呑みにしない」

介護には終わりがないから辛い？
いいえ、「終わり」は
わからないけれど
必ずその日はやってきます。

介護者さんに、「お母さんをどこで死なせてあげたいか、考えよう」とお話をすると、突然怒り出す人がいます。「そんなこと言うの、失礼やないか！」「縁起でもないこと言わんといてください」って……そんなふうに怒り出すのは、たいてい息子さんです。娘さんは、そこまで取り乱すことはあまりありません。息子というものは幾つになっても、親が死ぬのが怖いのです。娘のほうが、現実的というか、どこか冷めた部分を持ちながら介護ができるので長続きします。だけど娘さんでも、「子育ては終わりが見えるからいいけれど、介護は終わりが見えないから辛いんです」と訴える人がいます。はたして本当にそうでしょうか？

30歳や40歳になっても、年金暮らしの親からお金をせびるドラ息子やバカ娘が大勢いる昨今、本当に終わりが見えないのは、介護じゃなくて、子育ての方じゃないの？ とも思うのですが、どうでしょう。介護は必ず終わりがきます。それは明日かもしれないし、来月かもしれないし、3年後かもしれません。この時間は明日終わるかもしれない……そう思いながら親と接することで、違う地平が見えてくるかもしれません。「先が見えない」という介護者は、あえて見えないように視野を狭くしているだけではないでしょうか？ 終わりはくるのですよ。

人間は間違いなく、死ぬのですから。

「先が見えない!?
よく見てごらん」

「どうして私だけ…」と
涙がときどき
出るようになったら、
一度、親の介護から離れましょう。

「どうしてこんなに頑張っているのに、誰もわかってくれないの？」そんなふうに思い詰めて涙が出るようになったら、一度、親との距離を置きましょう。何がなんでも最後まで自宅で介護する！　と日々真面目に介護している人ほど、挫折していきます。介護においては初志貫徹が良いわけでは決してありません。昨日決めたことを、今日ひっくり返してもいい。愛情が強い家族ほど、初志貫徹するのが愛情だと思ってしまうことがあるようですが、頑張りすぎると、介護は絶対に続きません。

そうなる前にいつでもショートステイに入れるよう、事前に調べておきましょう。ショートステイとは、介護者が急な病気や、用事で介護ができなくなったとき、そして介護に行き詰まって疲れてしまったときに、特養や老健が数日から1週間ほど受け入れてくれるサービスのことです。介護疲れがバーンアウトしてから慌てて探そうとしてもなかなかうまくはいきません。心の余裕があるときにお散歩がてら、近くの特養や老健を訪ねて、「ショートステイはやっていますか。見学してもいいですか」と聞いてみることが大切。

要介護3以上であれば、療養型のショートステイというのもあります。イザというときに切れるカードの手持ちはたくさんあったほうがいい。ネットの情報を鵜呑みにせず、まずは自分の目で確かめてみてください。

「親に押しつぶされる前に…」

介護の相談をするべき相手は、
遠くの冷たい兄弟よりも、
近くのおせっかいな他人です。

せっかくうまくいっている介護を邪魔するのは、いつだって遠くの長男や長女です。もしくは独居で上手に在宅医療を受けている人の心が乱れるのは、お盆や正月に突然やってくる、疎遠になっていた親戚の人たち。

「どうしてこんなになるまで自宅で放っておかれているの！」と大騒ぎする人も中にはいます。こういう人たちは在宅医の天敵です。だから在宅医は、実はお盆と正月が忙しい。「東京からやってきた。今すぐ病状を説明せよ」と訳のわからない親戚の人から、休日なんてお構いなしに突然電話で呼び出しがかかるからです。勘弁してくれよ……と途方に暮れることもしばしば。そうした親戚が訪問することで、認知症の症状が悪化して、暴れたり、徘徊に出てしまう高齢者も少なくありません。

たとえば、独身の娘さんが、ご高齢の父親と自宅でうまくふたりで暮らしているところに、ある日突然、長年離れて暮らしている長男がやってきて、「オヤジ、東京でいい施設を見つけたから入ろう」と言い出す。何の権限があってこんなことを言い出すのか、さっぱりわかりません。

認知症でも上手に暮らすコツ。それは、なるべく遠くの親族にかかわらないこと。遠くの親戚より近くの他人。ご近所さんに、イザというときのための頼れる味方を作っておくことです。

「遠くの親戚より近くの他人」

ケアマネさんに遠慮は禁物。
相性が悪いと思ったら、
遠慮はせずに変更していいのです。

ケアマネ（ケアマネジャー）の資格を取るのは大変です。ヘルパーさんや介護士さん、社会福祉士さんなどの実務経験が5年以上なければ、ケアマネの資格は取ることができないのです。介護保険を使おうと思ったときに、ややこしい選択肢の中から最適だと思われる介護プランを立ててくれるのが、ケアマネの仕事です。ケアマネを紹介してもらうには、まずは地域包括支援センターに相談に行かねばならないのですが、強引に事を運んだり、上から目線だったり、自宅介護を希望しているのに施設入所を押しつけてくるようなケアマネさんならば、別の人に変更してもらうという手もあります。

ケアマネさんは、言わば、あなたの家の鍋の蓋《ふた》まで開けて見るような、家庭の事情のすべてを把握してもらうべき存在。こちらが信用できないのならうまくいくはずもないのです。また、フリーで動いているケアマネさんはあまりいません。デイサービスや介護施設や病院に所属している人がほとんどです。とすれば、どうしたって、自分の所属先のメリットになるようなプランを立てるのは当たり前。

「このメーカーのオムツ以外買ったらダメよ」なんて言い出す、しょうもないケアマネさんも何人か知っています。新たに紹介をしてもらうときは、そのケアマネさんが、どのような団体に所属しているのかを聞いておいたほうがスムーズにいくはずです。

「違和感ってあなどれない」

生活の基盤は介護施設。
そしてときどき、
自宅に帰ってリフレッシュ。
「逆ショートステイ」という
方法もあります。

真面目な人ほど、親を施設に入所させることに、「姥《うば》捨て山に母を捨てることになるんじゃないか」と罪悪感を持つようです。

しかし、施設を「姥捨て山」にするか、本人をより元気にさせるための選択肢にするかは、実は家族次第。基本は在宅で、何年も施設と行ったり来たりしながらうまくやっている人はたくさんいます。また、私は、「逆ショート」という言葉を好んで使っています。基本は施設で暮らしながら、月に何度か自宅に「ショートステイ」の感覚で帰ってきてもらうことです。同じく昼間だけ自宅へ戻る「逆デイサービス」だって、ありです。

そんなの意味あるの？　と思う方もいるかもしれませんが、「帰る家」「待っている家族」が存在しているかどうかは、本人にとって大きな心の支えとなり、認知症の進行も抑えられ、リハビリを頑張れる人が多いようです。

逆に言えば、帰れる場所がもうない。待っている人はもういないということは人によっては大きな絶望感となり、認知症が一気に進むきっかけにも。

こうした方法を取るには、介護保険制度をうまく使いこなすことが必要。まずは、各市町村にある地域包括支援センターに相談をすること。その際は、相談員に言われるがままでなく、〝自分はこうしたい〟という介護の希望をしっかり持っておくこと。言われるがまま、ナスがままで良い介護はできません。

「ひとりで抱えすぎない」

介護施設に何を求めるか？
洒落た外見や
豪華な食事はどうでもいい。
介護スタッフの気持ちが
あるかどうか。

介護施設は、ホテルや旅館ではありません。旅館ならば、「ホームページと全然内容が違うわね。もう二度と来ないわ！　メシも写真はアワビだったのに、出てきたのはちっちゃなトコブシやん」と一晩怒って終わるかもしれませんが、施設はそうはいきません。

施設のパンフレットやホームページは、お見合い写真と同じようなもの。そう、上っ面だけですよ。結婚を考えるときだって、どんなに美人が映っていたとて、写真だけで決める人はまずいないでしょう（まるちゃんは結婚したことがないから現実はわかりませんが）。相手の人間性や、優しい人か冷たい人かがわかるのは、何度かデートを重ねた後ではないですか。だから、施設を決める際も、（スタッフから嫌な顔をされるのを承知で）「アポなし」で何度か時間を変えて見学することをおススメします。午前、お昼ご飯、お風呂、夕飯前と、時間を変えて行くこと。見るべきところは、部屋の内装ではなくて入所者さんたちの表情と、介護職員の方々の表情です。話し声もなく、誰もがぼーっとして生命力のない表情をしているような施設はやめましょう。ぼーっとしているのは、過剰に薬を投与されているからかもしれません。ケアマネさん選びと同じで、選択権はこちらにあります。また、何カ所か見学することで、各施設の長短も見えてきます。また、アポなし見学絶対にお断り！と強く嫌がるところは、部外者には見せられない、やましい何かがあると考えていいでしょう。豪華な施設のパンフレットに騙されないで。〝介護付き〟〝ケア付き〟施設は〝ウソ付き〟かも。おおコワ……。

『見た目にごまかされると
ヨコシマな施設に騙される』

「いつでも家に帰れるよ」
「会えないときも、
お母さんのことを考えているよ」
面会のときには
この言葉を忘れないで。

うまくコミュニケーションができなくなった！　お母さんの言葉が出にくくなった！　だけど、本人の心は昔のままです。

口に出せない言葉を抱えて、毎日不安と闘っている認知症の人もいます。

何もわからなくなるなんて、嘘。最後の最後まで、どんな言葉をかけられたかはちゃんとわかっているし、プライド（尊厳）があるのです。しかし、施設に入って突然自由を奪われ、家族がお見舞いに来なくなると、「ああ自分は家族から捨てられたのだ」と感じます。捨てられたと悟ったときほどプライドが傷つく瞬間はありません。

介護施設に往診に行くと、殺風景な個室にこもって、一日中ずーっと壁の時計だけを見つめている女性がいます。

なんで時計を見ているの？　と尋ねると、3時を過ぎれば娘が会いに来てくれるからだと言います。だけどそのお嬢さんはもう半年以上、母親に会いに来ていません。

家族が会いに来ないことがわかると認知症の進行が早くなります。捨てられたという悲しみを忘れるために、自らの脳が進行を早めているのでは、と思うこともよくあります。親の認知症を進行させないためには、「いつでも自分は家に帰れるのだ」と思ってもらうことが何よりも大切です。「元気になったら一緒に住もうね」「リハビリが終わったら一緒に帰ろうね」……たとえそれが現実には不可能に近くとも、そう言い続けることには意味があります。いつでも家に帰れるのだ！　この安心感こそが、最高のお薬になるのです。

「いつも見守っているよ
いつも想っているよ」

介護とは、子育ての映し鏡。
親との楽しい思い出が
皆無の人には、
在宅介護は無謀なことです。

介護以前の問題で、残念ながら、愛情を感じずに育ってしまった人というのはたくさんいます。子どもの頃、親から虐待を受けた、放任された、酷い裏切りをされた……等々、親子の数だけ物語があります。

子どもは親を選べません。でも、どんな酷い親であっても「愛されたい」と願ってやまないのが子どもというものです。

あなたの心に幼い頃の楽しい記憶、幸せだった記憶がないのであれば、在宅介護は無理というものです。もっと言えば、立場が逆転して、過去に親にされた酷いことを、つい、仕返しのように無意識に親にやってしまう人もいます。

介護とは、子育ての映し鏡。

愛されたことがないのに在宅介護をしようと考えている人は、なぜ、自分がそうしたいと思うのか一度じっくりと自問自答してみてください。幸せな記憶があるかどうか、過去を振り返ってみてください。

憎しみが萌芽する前に、施設に入れることを勧めます。また、暴力だけが介護虐待ではありません。ヘルパーさんを入れることも拒否をし、食事をさせなかったり、2日も3日もオムツを替えない介護者を目の当たりにします。育児放棄と同じです。もしもご近所さんに、こうしたケースがあるようなら、その親子を助けるつもりで、警察に相談してください。

「家族でも違う方向ばかり
見ていることはある」

誰かに褒められたい
という気持ちから始めると
介護はたいていたい失敗します。

親との良い思い出がない人が、在宅介護に一番向いていないのは先にお話しした通りですが、その次に向いていないのは、周囲に本音を言えない人かもしれません。男の介護が比較的孤立しがちな原因も、きっとこのあたりに理由があるのでしょう。認知症の周辺症状である「取り繕い」については先ほど述べましたが、介護者の「取り繕い」のほうがよほどタチが悪いと思います。

本当は全然できていないのに、「自分はちゃんとできています」と自分が完璧であることを装う介護者です。

こういう人は、職場ではエリートだった人に多い。誰にも相談できず、ひとりで抱え込んだ挙句、ある日プチっと何かが切れてしまい、虐待や殺人に走ってしまうのも、こうしたタイプの人が多いのです。人に迷惑かけてもいいじゃないですか。人に迷惑をかけずに生きられる人間など、この世にいません。

「もうダメ。助けてください」と周囲に言えることが、幸せな介護の第一歩。そんな人、誰も周囲にいない……と考える前に、とりあえず自分がどう困って、何を助けてほしいのかを明確にし、ヘルパーさんやケアマネさん、かかりつけ医に相談してみること。ただし、周囲に甘えなさいと言っているわけではありません。声を上げることと、甘えることは似ているけれど、別物です。

「求めよ、さらば与えられん」

親を孤独にさせないために、
友達づくりを応援しましょう。
あわよくば、恋人探しも。

ショートステイにせよ、長期入所にせよ、施設でお友達をつくることはとても良いことです。また、最近は高齢者のための趣味の教室が各地につくられているようですから、いくつか覗いてみて、親が喜んで通ってくれそうなところを一緒に探すという手もあります。そこで思わぬ出会いがあって、新しいお友達ができるかもしれません。「うちの親はもううまく会話ができないから、友達づくりなんて無理」と思ってはいけません。会話がなくとも、コミュニケーションを取り合うことはいくらでも可能です。友達ができることが張り合いとなれば、認知症の進行も防げるはずです。

宗教学者で、日本人よりも日本のことをよく知っている京都大学のカール・ベッカーさんと先日お話をする機会がありました。

アメリカに住むカール・ベッカーさんのお父さんは昨年（2014年）、91歳で、施設の中で知り合った女性と再婚をされたそうです。お相手の女性も91歳で、バツイチ同士だとか。

「91歳同士ならば、もう子どもはできないだろうから、遺産で揉めることもありません。僕も安心しました」と流暢な日本語でベッカーさんは嬉しそうに話してくれました。なんと大らかで、素敵なエピソードでしょうか！

我が国ももっと、介護施設を高齢者の婚活の場として工夫すれば、もっと張り合いが出るのにと心から思った次第です。恋愛自由、同衾《どうきん》オッケーの老人施設ができたなら、今から僕も予約を入れたいくらいです。

「ひとりじゃないって
素晴らしい」

本人が引きこもりたいのならば、
反対はしないこと。
ひとりの時間を
楽しんでもらいましょう。

いくつになっても人づきあいを積極的にしたほうが、ボケ防止にも、うつ病予防にもなることは事実です。

しかしそれは、他人とのコミュニケーションに苦痛を感じない人の話です。子どもの頃から、友達と遊ぶよりも、ひとりで家に籠って好きなことをやっているほうがいいという人はもちろんいます。そういうタイプの人を、認知症を悪化させないようにと無理に外に連れ出したり、デイサービスでやりたくもない歌遊びや塗り絵をさせると、かえってストレスが溜まって状態が悪化してしまうこともあるでしょう。ひとりが好きな人は、たいていひとりで楽しめる趣味を持っているものです。映画が好きだったお父さんならば、昔好きだった映画を借りてきてずっと流しているだけでもいいでしょう。園芸が好きなお母さんだったら、安い花でいいので、こまめに植木鉢を買って、水やりをお願いしてみてはどうでしょうか。しかし、運動不足はやはり体によくありません。

だからといって、「歩かないとダメでしょう」「車椅子に座ってばっかりだと動けなくなるわよ」と子どもが言ったところで、多くの親は聞く耳を持ってくれないでしょう。「歩きましょう」ではなく、たとえば、「駅前のパン屋さんの新作パンが美味しそうだから一緒に買い物しない？」とか、「○○さんのお庭のハナミズキが見事よ。ちょっと見に行きましょうよ」と、あくまでも小さな楽しみを設定すると、反応が確実に違ってきます。

「美味しそうな匂いがすれば
歩ける！」

絵を描く。俳句を詠む。
認知症になったからこそ
開花する芸術性があります。

どんな才能を持っているか未知数なのは、子どもも高齢者も同じです。

ショートステイで塗り絵を強制されるのは嫌がる人にも、自宅で色鉛筆と画用紙を差し出してみると、不意に手に取り、驚くほどすごい絵を描き出すことがあります。俳句もそうです。歳時記と紙とペンを渡して一緒に句作に挑んでみると、あら不思議！　言葉なんてもうとっくに忘れてしまっただろうと思っていた人が、突然素晴らしい五・七・五を詠み始めることもあるのです。歩きながら句作を楽しめれば、健康のためには尚良しです。

絵を描く方法は臨床美術といって、当初は自閉症の子どもたちのケアとして広まりましたが、最近、認知症の人にも効果があることがわかってきました。

俳句に関しても、今年（２０１５年）１０４歳になられた日野原重明先生が名誉会長を務める俳句療法学会が、認知症への医学的効果を研究しています。

俳句とはいわば、目の前の風景を瞬間的に切り取り、言葉として昇華する作業ですから、短期記憶を司る脳の中の海馬を鍛えることができるのです。

絵も俳句も、いつでも、どこでも、ひとりでもできる。芸術性は何歳になっても衰えません。もしかしたら、認知症になったほうが、すごい作品を生み出せるかもしれないと思うと、ワクワクしませんか。どちらもお金はほとんどかからない認知症療法。これらをリハビリテーションとして取り入れている施設も増えているので、興味のある人は一度調べてみるといいでしょう。

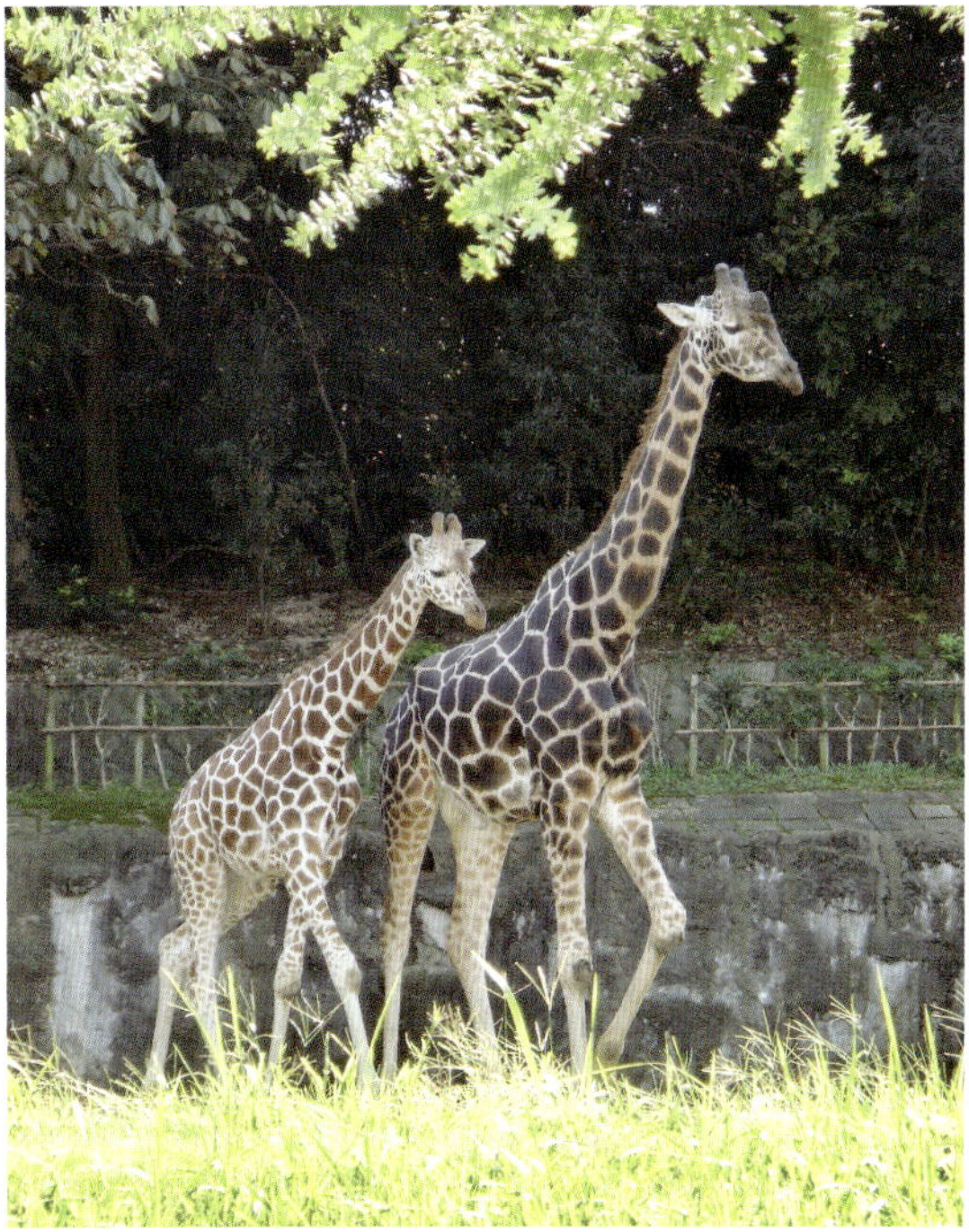

「短所には目をつむり、
長所を伸ばそう」

老化するとは、枯れて萎《しぼ》むこと。
認知症は脳が萎むこと。
人生とはつまり、
干し柿のようなもの。

老化というのは、肉体から水分が徐々に失われていくということです。なぜ美人だった顔に憎たらしいほうれい線ができるようになったのか？　それは若い頃に満ちていた水分が失われて肌が萎んできているから。

おっぱいだって同じです。若い頃のブラジャーがスカスカしていませんか？　えっ、キツくてパンパンだって？　それはあなた、単なる中年太りです。

男だってそうです。おちんちんは若い頃よりだいぶ遠慮がちになってきます。……こうした話を講演会で柿のイラストを見せながらお話しすると、熟年女性たちは笑ってくれます。

「あなた方も20代の頃は、瑞々しくてツヤツヤとした柿のようだったでしょう？　でも今は、おめでとうございます、順調に枯れて萎んでいますねえ。老化とはつまり、枯れて萎むこと。平穏死とは、植物のようにゆっくり枯れてあの世へ逝くことなのです。あなたは今、干されている最中なんですよ」と。

　認知症もつまり、脳が枯れて萎んでいった結果です。病院で検査をしてもらうと医者は「残念ながら海馬に萎縮が見られます」とさも深刻そうに告げるでしょう。そんなときは、「そりゃそうでしょ、歳ですから」と笑って受け止めてください。

　人生とはつまり、干し柿になっていく旅なのです。でもほら、若い柿よりも干し柿のほうがずっと甘くて味わい深いではないですか！　値段も高いしね。

「海馬じゃなくて、これは河馬《カバ》」

「何かいいお薬ありませんか」

ではなく、

「この中から
減らせる薬はないですか」

と医師に聞けるのが利口な家族。

本来、歳をとって人生の終わりが近づくほど、飲むべきお薬の数は減らすべきです。しかし現実には処方される薬の種類は増えていきます。歳を重ねると、髪も希望も、異性からの視線も著しく減っていきますが、残念ながら診察券の数だけが増えていくのです。

80代のかなり認知症が進行した親を連れてきた息子が訴えます。「最近ボケが進んだようです。何かいいお薬はありませんか」。しかし、よくよく聞けば、すでに耳鼻科や内科や整形外科から、すでに合計10種類以上の薬を投与されている……それでもまだ、新たな薬を求めようとする子どもさん。何が何やら、どう対処して良いかわからないことが、しょっちゅうあるのです。認知症の親がある程度の年齢になったのなら、新たな薬を探すのではなく、今ある薬を減らしていく。多剤投与による副作用は実にさまざまですから、医師がそれをすべて見抜くのは至難の業です。

あるグループホームから主治医を頼まれました。そのグループホームでは、ひとり平均15種類もの薬が処方されていました。そこで僕は、訪問診療に行くたびに、患者さんごとに1種類ずつ減らしていくことにしました。1年が経過した頃には、平均3種類まで減らすことができました。そして、ほとんどの利用者さんが以前よりもシャキッとされて認知症の症状が良くなっていったのです。認知症の親を良くしたいのならば、多剤投与の見直しからかもしれません。おまけに薬を減らしただけで僕は「名医」と褒められるのです。

「冷静な頭で減薬を考える」

肉体的な満足が、
幸福だとは限らない。
身体が不自由になってこそ、
精神はより自由に羽ばたけます。

老いていくのは、悲劇です。認知症になるのも、やっぱり悲劇です。なぜか？　それは体が不自由になっていくから。日々体のどこかが痛かったりしんどかったりして、肉体的に不満足な日々が続くからです。見た目だって悪くなります。若い頃の元気な肉体は、一体どこに行ってしまったのだろう？　誰もがせつなくなる黄昏《たそがれ》の時期があるものです。

しかし、肉体的な満足が、本当に人間を自由にしていたでしょうか？　肉体が健全で自由だと、とめどなく欲が生まれるものです。「まだまだ動けるぞ！　まだまだ働けるぞ！　まだまだモテるぞ！」。そこに本当の自由などはなく、己の限界を認めたくなくて、かえって息苦しい想いをしていたのではないでしょうか。本当に精神が自由になるのは、年老いて、身体が思うように動けなくなり、多少ボケ始めて、要らぬ我欲を手放してからなのです。

老いは悲劇ですが、精神が自由であれば、シナリオはいくらでも喜劇に変えられます。「ああ、面白い人生だったねえ」と笑って死ねたなら最高です。そのためには家族が、「認知症になっちゃって、かわいそう」なんて思わないこと。「何もわからなくなっちゃって、ウチの親は不幸な人だ」なんて大きなお世話。

親の悲劇を喜劇に変えてあげられるのは、あなたの笑顔。ボケた人は自由人、宇宙人。もしも明日、親から「あなた、誰?」と訊かれても、「私のこと忘れちゃったの!」なんて怒ってはいけません。「以前よりあなたのファンの者ですが……」で充分です。

「大きなお世話だったりする」

あなたが今、どんな気持ちかは、
車椅子の手押しハンドルから
親の背中に伝わっています。

「まるちゃん、聞いて。私、母の車椅子を下りの坂道で押しながら、今この手を放したらすべてが終わるのに……と何度思ったか知れないわ」。そう言って涙する娘さんの姿を何度か見てきました。なんでそんなことを想っちゃうんだろう？　お母ちゃんのこと、こんなに好きなのに……」。娘さんは、ときどきふと「もしも今すぐ死んでくれたら」と考える自分が恐ろしく、罪悪感に苛まれて泣いているのです。

私は、「よし、よし」と泣いている娘さんの背中をさすってあげることしかできません。でも、背中を撫でながら、「あなたは全然悪くない。いい子よ」と言葉にならないメッセージを届けています。言葉がなくても、気持ちは伝わります。車椅子で思い出しましたが、生まれつき障がいがあり、波乱万丈の人生を生きてきた車椅子生活の女性が、先日、介護スタッフだった若い男の子を養子に迎えました（介護の世界には、ＴＶドラマ顔負けの濃いドラマが日々あるので、〈つどい場〉はやめられません）。

「どうして養子にしたの？」と訊いたら、「この子が車椅子を押してくれたとき、すごい優しさと寂しさが伝わってきた。ああ、この子と家族にならんとあかんと感じたんや」と教えてくれました。車椅子生活が長いと、介護者が何を考えているかは、たいていは手押しハンドルから伝わってくると言うのです。もしも、あなたが認知症の親御さんと会話ができなくなったときが訪れても、あなたが今、悲しいのか、つらいのか、それとも幸福に満たされているのかは、親は背中で知っているのです。ハンドルからわかるのです。

「大好きだよ」

おわりに

「親子の関係はオニグラスープのように」

丸尾多重子

ここまで読んでくださりありがとうございました。一昨年、私と長尾ちゃんは、『ばあちゃん、介護施設を間違えたらもっとボケるで！』という強烈なタイトルの対談本を出版し大変な反響がありました。言われたままに介護施設に大切な家族を引き渡し、理想とは違う現実に後悔をする家族をたくさん見てきたので、このようなタイトルにしたのですが、中には、「まるちゃん、親を施設に入れてはいけないの？」と誤解される人もいました。長尾ちゃんも私も「介護施設が悪、在宅が善」と言いたいわけではありません。善も悪もないです。だけど親の「老い」を受け入れられずに、臭いものに蓋をするように施設に入所させた結果、ずっと後悔される人をたくさん見てきたのです。そう、まずは親の「老い」

を受け入れよう。そんなメッセージを届けたくてこの本を作りました。

今、ホテルのカフェでこの原稿を担当編集者と確認しながら、熱いスープを食べています。その編集者は（自称：特技は料理、らしいが）、「美味しい！　冬はやっぱりオニグラよねぇ。でも私にはぜーったいオニグラは作れない」と一気呵成にスプーンを口に運んでいます。

「は？　鬼蔵《おにぐら》？　鬼の蔵？」

「まるちゃん。鬼蔵じゃないよ、オニオングラタンスープのことよ。ギャルはそうやって省略して呼ぶのよ（……ギャルだったんか）。オニグラって、玉葱が飴色になるまで弱火でじーっくり炒めて時間かけないといけないでしょ。私、短気だから待てないもん。強火で焦がすから。それに時間と手間がかかるわりにはこの料理って地味でしょ、旨いけど」

スプーンの中で黄金に輝くオニグラを見つめながら、「ああそう言えば、親子の関係ってオニグラスープみたいなもんやな」と思いました。

初めはツンと涙の出る玉葱。ゆーっくりゆーっくり時間をかけて優しく火を入れることで甘くて滋味深い味が出る。でも、待てなければ真っ黒に焦げて、苦いスープにしかならない……それこそ、鬼の蔵みたいな風味にもなりかねない。大事なのはやっぱり、「待つ」こと。

核家族化が進み、家族の介護をひとりで担う家庭が多くなり、介護の社会化というふれこみで始まった「介護保険」ができて15年が経ちました。「介護保険」がスタートしてから大きく変わったことが二つあると私は思っています。一つめ、介護家族が無意識のうちに依存体質になった。介護保険は大いに使うべき。でも……全部他人任せにしてはいませんか。二つめ、街から高齢者が消えた。介護保険と同時に、朝と夕方に施設の送迎車(私は拉致車と呼んでいます)が街中を走り、介護施設に送り込まれているからです。この秋、〈つどい場さくらちゃん〉の仲間で台湾旅行をしましたが、台北の下町ではボケボケのお年寄りがウロウロ歩きながら何か食べていたり、大声で子どもとケンカしたり……一昔前に日本から奪われた景色がそこにはありました。ちょっとせつなくなりました。「介護保険」で誰が幸せになったのかな？　と考えます。
若い頃は、誰もが自分の人生設計に、親の「老い」を受け入れる、という項目は入れていないかもしれません。親は永遠に歳を取らないものだと思ってもいます。親の「老い」を考えたことがない人ほど、突然親が倒れたり、認知症と診断されたり、ひとり暮らしが難しそうになれば、「介護保険」を使って、大急ぎで「安心」を手に入れようとします。でもその「安心」、はたして誰のもの？　本当に親のため？　ちょっと深呼吸して、待ってごらん。ゆっくり探せば、手を差し伸べてくれる人はきっといる。一緒に考えてくれる仲間だっている。せっかくここまで長い長い人生をかけて甘く炒めた玉葱を、最後に焦がしてはもったいないよ。ああ、美味しい人生だったたねと言ってスープの最後の一滴まで飲み干してごらんなさい。そのときに、あなたの人生もまた輝くことでしょう。黄昏時を黄金色にするのは、子どもであるあなた次第です。

２０１５年の年末に　特定火ダルマ活動呆人代表　まるちゃん

ブックマン社の本

ばあちゃん、介護施設を間違えたらもっとボケるで!

●長尾和宏×丸尾多重子

大好評、長尾医師とまるちゃんの共著第一弾! 認知症治療と介護現場の不都合な真実がここに!!　その介護施設に家族を入れて大丈夫? 危ない介護施設を見分けるチェックリストも必読。介護で本人も家族も苦しまないために。

定価:本体1,300円+税

家族よ、ボケと闘うな! 誤診・誤処方だらけの認知症医療

●長尾和宏×近藤誠

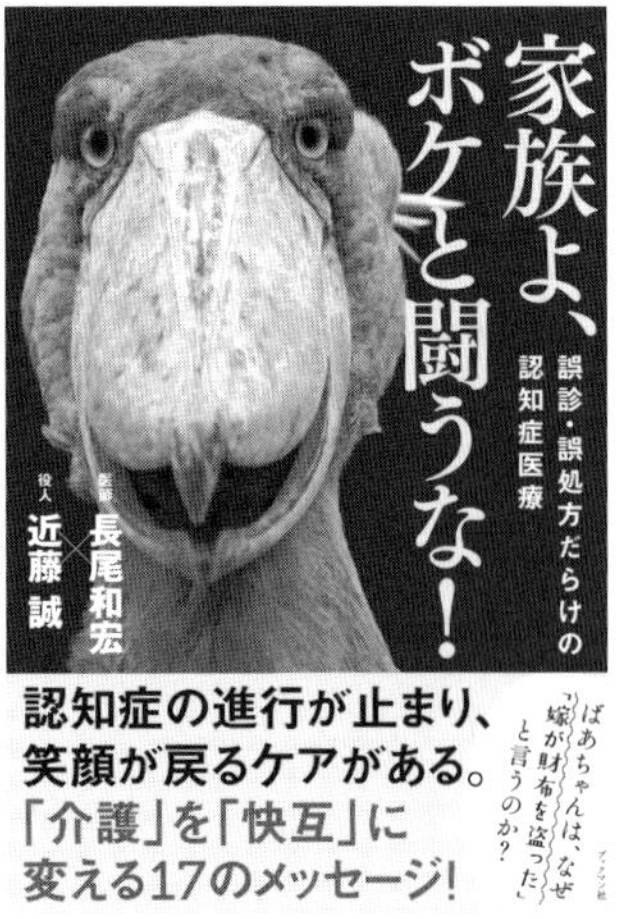

長尾医師と、介護界のカリスマ役人が、認知症をケアする家族に伝えたいアドバイス。認知症医療は誤診だらけ。診断を間違えば、当然、薬も間違える。おじいちゃんが暴力的になったのは、薬が合わないせいでは? 正しい診断と穏やかなケアがあれば、認知症は怖くない!

定価:本体1,300円+税

ボケない介護食。しかも、美味しい。

●村上祥子

とろみ剤不要。塩分、カロリーは気にしない。常備菜と缶詰で、たまには休む。話題の「にんたまジャム」を使い、いつもの献立に少しの工夫でできるレシピが満載。ゴールの見えない介護生活を、食から笑顔に変える一冊!

定価:本体1,200円+税

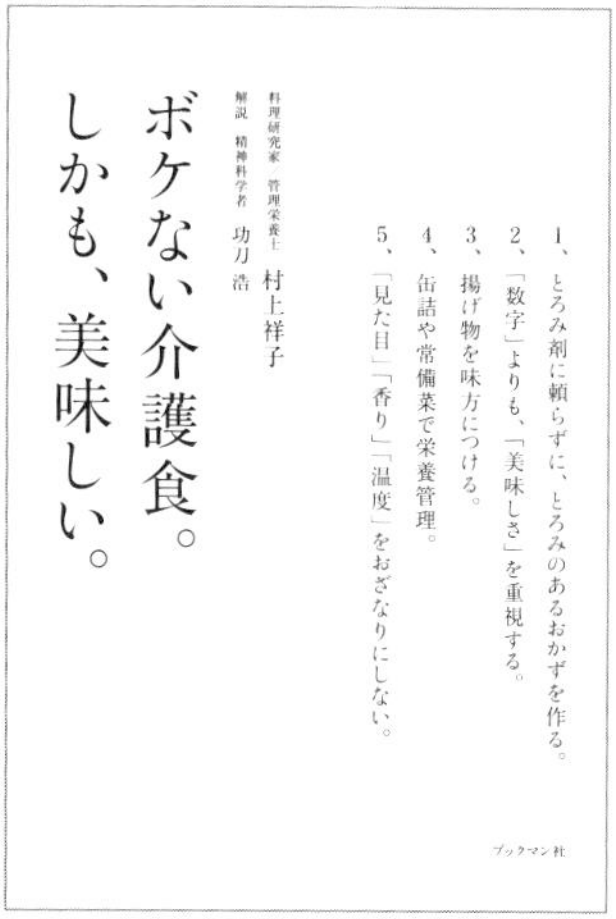

10月4日 104歳に104句

●日野原重明

2015年10月4日に104歳になられた現役医師・日野原重明先生、魂の104句! 亡き妻を想う句から、平和を祈る希望の句まで、遊び心いっぱい、元気になれる俳句集。自然を愛し、若者と触れ合う…始める事を忘れなければ、若く居られる!!

定価:本体1,200円+税

●長尾和宏（ながお・かずひろ）

長尾クリニック院長、医学博士、医療法人裕和会理事長。１９８４年東京医科大学卒業、大阪大学第二内科に入局。１９９５年兵庫県尼崎市で開業。複数医師による年中無休の外来診療と在宅医療に従事。日本尊厳死協会副理事長、日本慢性期医療協会理事、日本ホスピス在宅ケア研究会理事、エンドオブライフ・ケア協会理事、労働衛生コンサルタント、関西国際大学客員教授、東京医科大学客員教授。著書に『痛くない死に方』『薬のやめどき』『家族よ、ボケと闘うな！』（すべて小社）、『病気の9割は歩くだけで治る！』（山と渓谷社）、『認知症の薬をやめると認知症がよくなる人がいるって本当ですか？』（現代書林）などがある。

●丸尾多重子（まるお・たえこ）

大阪市生まれ。４年間ＯＬをした後、調理師免許を取得。15年間東京で食関係の仕事に就く。帰阪後10年間で母、兄、父を在宅介護。ヘルパー1級（現・訪問介護員）取得の実習で介護現場の実態を知った憤りから、２００４年３月兵庫県西宮市に〈つどい場さくらちゃん〉を設立。２００７年4月ＮＰＯ化。高齢者はもちろん、介護者や介護従事者らの交流の場を提供し、悩みを分かち合ったりすることで介護者の孤立を防いでいる。愛称「まるちゃん」。著書に『ばあちゃん、介護施設を間違えたらもっとボケるで！』（小社）、『ボケた家族の愛しかた』（高橋書店）などがある。
〈つどい場さくらちゃん http://www.tsudoiba-sakurachan.com/〉

親の「老い」を受け入れる

２０１６年１月４日　初版第一刷発行
２０２０年８月25日　初版第四刷発行

著者　長尾和宏
　　　丸尾多重子
ブックデザイン　近藤真生
カバーイラスト　tama
本文イラスト　ヨシタケシンスケ
編集協力　村山聡美
編集　小宮亜里　柴田みどり

発行者　木谷仁哉
発行所　株式会社ブックマン社
〒101-0065　千代田区西神田3-3-5
ＴＥＬ　03-3237-7777
ＦＡＸ　03-5226-9599
http://bookman.co.jp

印刷・製本　図書印刷株式会社

ISBN 978-4-89308-853-6